UN MOT

Sur la modification ou, pour mieux dire, sur l'amélioration de la loi des élections.

Par un Cultivateur-propriétaire du Kochersberg.

UN MOT

Sur la modification ou, pour mieux dire, sur l'amélioration de la loi des élections.

De toutes les professions l'agriculture est celle qui nous enseigne le mieux la pratique de la justice et la science du gouvernement. Socrate.

L'année dernière, lorsqu'il fut question de changer la loi des élections, la plus grande partie, et presque la totalité des électeurs de mon canton, qui ne sont pas en petit nombre, se joignirent à moi, pour présenter au Gouvernement, par l'intermédiaire de nos députés, nos vœux pour le maintien de cette loi, ne la connoissant encore que par sa théorie ; mais dans nos dernières élections la pratique nous a donné les règles de son application, et nous avons vu et appris son exécution dans toute son étendue. Elle nous a fait reconnoître ses vices, qui nous ont tellement effrayés, que nous fûmes presque tentés de nous en retourner dans nos foyers, à nos charrues, sans coopérer à la nomination de nos députés ; mais nos devoirs envers la société et la patrie, plus forts que les inconvéniens de la loi, nous firent rester.

Ces vices étoient, que nous vîmes d'abord sur la liste des électeurs, faite conformément à cette loi, trois électeurs de la ville de Strasbourg au-delà de la moitié des noms que portoit cette liste ; et la raison de cette supériorité de la ville, c'est qu'une foule de patentés s'y trouvent inscrits, qui ne paient, pour ainsi dire, presque point de contribution directe : car j'appelle directe, celle qui ne varie jamais, comme la foncière ; au lieu qu'une patente peut varier deux ou trois fois dans la même année, peut même cesser tout-à-fait, tandis que la foncière reste invariable, et passe, de l'un à l'autre, toujours avec la même quotité. Un patenté peut, au moment des élections, prendre une patente pour voter dans le collége, et, les élections terminées, changer sa patente ; il peut, le lendemain de la clôture des élections, donner son bilan. Nous vîmes même, dans le collége, plusieurs électeurs sans propriétés réelles, tandis que, conformément à la Charte, il ne s'y devoit trouver que les vrais propriétaires, payant 3oo francs de contribution directe et au-delà.

Y a-t-il de la comparaison entre le contingent d'électeurs de la ville de Strasbourg, et celui des villes, bourgs, bourgades et villages de la campagne du département, soit en raison des contributions directes qu'on paie, soit en raison de la population ? Les autres villes, bourgs, bourgades et villages de la campagne du département ne sont-ils pas, pour ainsi dire, privés des faveurs de nos institutions libérales et constitutionnelles par l'exécution de cette loi ? Où en est la proportion ? où et comment les principes et les vœux de la charte sont-ils remplis ? Où est le département, où est le pays qui trouve bon qu'une loi organique d'une constitution libérale confère à une seule ville patentée ou commerçante le choix des députés communs, au détriment de l'immense majorité de l'état mitoyen, qui est agricole ?

Y a-t-il du bon sens, en prenant en considération ces vices de la loi dans son exécution , de vouloir prétendre qu'on ne doit point modifier ou améliorer la loi des élections[1] ? Ou voudroit-on nous astreindre à cette ancienne loi des Locriens, qui portoit que celui qui proposeroit l'amélioration ou la modification d'une loi, se présente portant autour de son cou un nœud coulant prêt à être resserré si l'on n'approuve pas sa proposition[2] ?

Or, dans tous les temps comme dans tous les pays civilisés, les possesseurs des terres, les propriétaires sont la force réelle des nations ; ce sont eux qui sont les gardiens des mœurs et des institutions : aussi, en leur confiant les droits politiques, on suit les principes d'une justice naturelle. Tel est aussi le vœu de la Charte ; mais l'exécution de la loi des élections ne répond pas à ce vœu. Il est donc du devoir du Gouvernement de faire remettre, par une amélioration, par une dérogation, ou par une modification de la loi des élections, le pouvoir d'élire les députés aux vrais possesseurs des terres , aux propriétaires réels, à ces gardiens des institutions libérales et de l'ordre constitutionnel.

---

1 Tout principe de conservation et d'amélioration est un bien , dit Platon dans sa République, livre 10.

2 En ce cas, qui voudroit proposer les lois sur l'organisation et l'administration municipales , sur l'organisation des conseils généraux de département et d'arrondissement , sur les nominations des candidats pour les places des juges de paix , ces lois si ardemment désirées par l'immense majorité du peuple françois pour compléter le régime constitutionnel ? Ou faudra-t-il, comme autrefois Solon, contrefaire le fou , en proposant l'amélioration d'une loi dans l'intérêt de la patrie ?

Les lois, comme nos actions, ne sont bonnes qu'au-
tant qu'elles sont justes[1]. Cette parité de principe
entre les lois et les actions de ceux qu'elles régissent,
prescrit aux législateurs de favoriser et de multiplier
toutes les institutions libérales par des améliorations
ou des modifications.

La loi des élections présente encore d'autres vices
dans son exécution : par l'admission de tous ces patentés elle nous donne évidemment des chances trop
favorables à l'influence de l'intrigue, de la cabale ; et
à une ambition sans bornes ; elle composera la
chambre, tôt ou tard, exclusivement de commerçans
et de banquiers[2], à l'exclusion de tous les propriétaires réels, de ces familles honorables de juges et
de jurisconsultes, ou de celles qui cultivent sans ambi-

---

1 République de Platon, liv. 2 et 4.

2 Rome triomphoit partout par l'union, la prudence
et la sagesse de son sénat, dans le temps qu'il fut composé
de cultivateurs, qu'on alla chercher, et à plusieurs re-
prises, à leur charrue pour commander les armées : témoin
les Cincinnatus, les Fabricius, les Régulus, etc.

Carthage, au contraire, fut subjuguée, perdue et
détruite par la faute de son sénat, qui n'étoit composé
que de marchands âpres au gain, attachés au luxe,
à la mollesse et à leurs richesses amassées par le trafic,
toujours divisés par l'ambition et la jalousie, et si lâches
qu'au moment du danger il ne se trouva plus parmi
ses membres un seul homme en état de commander les
armées composées de mercenaires. Il fallut avoir re-
cours à la Grèce, pour lui demander un général, lequel,
après avoir rétabli leurs affaires par une conduite glo-
rieuse et généreuse, devoit s'attendre à la reconnoissance
du sénat ; mais ce corps perfide exerça sur lui la plus
infâme ingratitude, le faisant périr en chemin, lorsqu'il retournoit dans son pays natal.

tion le plus noble, le plus utile et le premier des
arts. [1]

Il est constant que l'immense majorité du peuple
françois est un peuple agricole, et il est de principe
qu'un peuple agriculteur est le meilleur de tous les
peuples ; il n'abandonnera jamais des travaux qui
exigent sa présence pour courir les places publiques,
s'occuper des dissentions que fomente l'oisiveté, pour
y disputer des honneurs dont il n'est point avide,
comme ces gens oisifs des villes, ou comme ces
grands ambitieux, aussi audacieux qu'insatiables,
qui aiment toujours le changement, espérant d'y
assouvir leur ambition. Au contraire, le premier be-
soin d'un peuple agriculteur est l'amour de sa patrie ;
il se regarde toujours comme faisant partie d'un plus
grand corps, qui est le corps de l'État : bon citoyen,
ami de l'ordre, qui se laisse conduire par les lois, en
coopérant avec elles au bien public ; bien persuadé
qu'il n'y a rien de plus libre ni de plus indépendant
qu'un homme qui sait vivre frugalement par son industrie et son travail. Heureux un prince qui règne
sur un tel peuple, et heureux le peuple gouverné
par un prince semblable à notre Monarque, qui est

---

1 Cicéron dit : « Non-seulement l'agriculture, cet art
« si noble, si utile et si salutaire à tout le genre humain,
« doit être préféré à tous les autres, parce qu'il fournit
« avec abondance à tous nos besoins, mais parce qu'il
« donne encore les meilleurs citoyens à l'État.... Le luxe
« et l'ambition, continue-t-il, prennent naissance dans le
« sein des villes ; ils entraînent nécessairement avec eux
« l'amour des richesses, qui produit la licence, d'où nais-
« sent tous les crimes et les attentats ; mais la vie rus-
« tique est une excellente école de frugalité, d'industrie,
« de probité et de justice. »

le premier libéral, le premier constitutionel de son peuple !

Il est constant qu'il y a en France deux factions en opposition à l'immense majorité du peuple françois, toutes les deux ennemies du peuple et du gouvernement représentatif. L'une de ces factions, composée des ultra-royalistes, dirige ses vues vers un gouvernement despotique, tend par toutes les voies à son rétablissement, avec les droits féodaux, les seigneurs et des serfs ou des vassaux : l'autre, composée de révolutionnaires ou ultra-libéraux, ennemie de tout ordre, et tendant par une licence effrénée et par tous les désordres à faire de la France une république. Les principes de ces deux factions et les motifs pernicieux de leur opposition sont connus de tout bon François.

Commençons par la première de ces factions[1], et disons aux personnes qui la composent : Malheureux, ou insensés ! abandonnez donc une fois et pour toujours vos projets pernicieux et infernaux; sachez que la France, notre chère patrie, veut une fois jouir d'une liberté sage et raisonnable, et qu'elle ne veut plus chez elle ni les droits féodaux avec les seigneurs, ni serfs, ni fanatiques, ni libertins, ni ultras, ni terroristes, ni corruption des cours, ni férocités des clubs, ni d'infâmes inquisitions. Elle veut une bonne fois la tranquillité et le repos sous un gouvernement

---

[1] Qui sait si ce n'est pas quelque puissance étrangère qui, dans sa secrète politique, pousse ces deux factions à fomenter continuellement des divisions parmi nous, dans le dessein pernicieux de nous affoiblir les uns par les autres, pour parvenir au moment de nous subjuguer tous ensemble ?

constitutionnel; que si un tel gouvernement ne vous plaît ou ne vous convient pas, vous avez la liberté et la pleine liberté de vous rendre en Asie chez ces nations barbares où le despote ne laisse au peuple que le sentiment profond de sa misère et de son esclavage, où le despote n'a d'autres vues que d'attirer à lui toutes les richesses de l'état et de les faire servir à ses sales voluptés.

C'est en 1815 que nous avons malheureusement appris à connoître où tendoient vos projets infernaux : temps malheureux où nous fûmes assiégés partout, dans tous les coins et recoins, même quelquefois à la charrue, par des mouchards, des espions, qui nous tenoient à tout moment dans l'inquiétude et dans l'épouvante; lorsque, par vos projets adroits, vous semiez le trouble dans les familles, la division dans la grande société, la méfiance dans les liaisons les plus intimes; lorsque vous traitiez nos braves, les conservateurs de la patrie, de brigands : par où la France seroit devenue la proie des flammes et du sang, sans la sagesse du Prince qui, d'un seul coup, par son ordonnance du 5 Septembre, anéantit tous vos projets infernaux et vos perfidies. Et on voudroit croire à la possibilité que le ministère s'allieroit, transigeroit avec les hommes de cette faction ? Comment ! un *Latour-Maubourg*, un *Roi*, qui, pour avoir été, l'un de la chambre des pairs, et l'autre de celle des représentans dans les cent jours, auroient été, d'après les votes émis par les Corbière, les Labourdonnaye, dans la commission sur la loi d'amnistie, bannis pour jamais de la France, pourroient-ils s'allier ou transiger avec cette faction ? Non, non, le cri du sang a pour jamais séparé ces hommes, dans leurs opinions comme dans leurs fonctions.

Quant à la seconde faction, composée de révolutionnaires, personnages aussi dangereux que ceux de la première, elle voudroit rétablir le désordre, la licence, les clubs et le régime du sang, pour parvenir à établir une république en France ; dignes émules des féroces Carrier et Robespierre, qui noyoient, égorgeoient et assassinoient tous ceux qui ne pensoient point comme eux. D'autres scélérats de cette trempe précipitoient des malheureux du haut d'une muraille et repaissoient leurs yeux du sang qui jaillissoit de toutes parts, et des membres fracassés et déchirés qui se séparoient de leur tronc. Seroit-il possible que des scélérats de cette espèce aient l'audace de se remuer encore aujourd'hui avec leurs mains dégouttantes du sang des hommes qu'ils ont égorgés, des cadavres des enfans écrasés dans les bras de leur mère, du père immolé à côté de sa fille, qui, les bras étendus, les yeux baignés de pleurs, pressent en vain leurs genoux pour les rappeler à quelques sentimens de pitié ! l'époux égorgé aux yeux de son épouse ! Ah ciel ! tirons un voile sur ces forfaits. Des hommes de faction, des hommes de parti, sont des hommes qui, sans principes, sans véritable sentiment pour une liberté sage et raisonnable, sans amour pour la patrie, ne travaillent que pour leur intérêt ; qui, par conséquent, se vendent à chaque faction, sous la protection de laquelle ils espèrent satisfaire leur ambition et leur cupidité.... Les hommes de parti ne sont ni constitutionnels, ni patriotes ; ce sont des égoïstes méprisables, souvent des traîtres. Mais les véritables citoyens, dont les efforts n'ont pour objet que le bien de la patrie et l'affermissement d'une monarchie constitutionnelle, ne peuvent jamais être regardés comme hommes de parti par qui que ce soit.

Pour vouloir établir une république en France, il faut avoir l'esprit aliéné. Que le ciel nous en préserve! N'en avons-nous pas déjà malheureusement fait l'essai? le sang françois n'a-t-il pas coulé d'un bout à l'autre de la France pendant cette funeste époque. Les vrais libéraux, les constitutionnels, les amis de l'ordre et de la patrie, n'ont-il pas été les premières et les dernières victimes? Ainsi nous avons vu Dietrich, le premier maire de Strasbourg, homme vraiment constitutionnel et doué d'une profonde sagesse, immolé par la faction soi-disante républicaine. Qu'on aille même plus en avant, qu'on se rappelle les républiques romaine et de la Grèce; on y verra que les Socrate, les Miltiade, les Aristide, les Périclès, les Phocion, les Thémistocle, les Démosthène, etc., ont été les victimes de la démocratie. Platon lui-même, en faisant sa république idéale, nous déclare formellement, dans son Timée, que si tous les gouvernemens étoient tempérés (constitutionnels), il faudroit chercher son bonheur dans les pays monarchiques; mais que, les voyant tous corrompus et despotiques de son temps, il a songé à faire sa république.

Pour trouver la conviction que la monarchie constitutionnelle convient seule à un peuple civilisé, l'homme, comme être raisonnable, n'a qu'à se replier paisiblement sur lui-même, et, dans le silence des passions, écouter la voix de sa raison et celle de sa conscience. La monarchie constitutionnelle réside dans chaque homme, dans chaque esprit. Le seul état convenable pour l'y trouver, est celui du recueillement, de la méditation. Que l'homme habite avec lui-même, et dans le calme et la réflexion il se convaincra de l'avantage de la monarchie constitutionnelle.

En effet, qu'y a-t-il de plus beau, de plus juste, de plus sage et de plus heureux qu'un gouvernement constitutionnel, un gouvernement où le trône du monarque a pour fondement les lois de la société sur laquelle il règne ? tous ses principes sont assortis au caractère de l'homme et à ses intérêts. Un tel gouvernement est fait pour la terre, comme une république proprement dite est faite pour le ciel, et comme le despotisme est fait pour les enfers.

C'est le gouvernement constitutionnel qui seul a trouvé les vrais moyens de faire jouir les hommes d'un vrai bonheur, de la liberté et de tous les avantages dont on peut jouir sur la terre : c'est ce gouvernement qui doit être regardé comme le port où les François, battus de la tempête depuis trente ans, en cherchant une félicité imaginaire, ont dû se réfugier pour retrouver la tranquillité. C'est là que les François ont recouvré leurs Princes, qui leur ont donné cette Charte, garant assuré du bonheur du peuple ; c'est là que les princes reconnoissent les lois sociales qui rendent leur trône inébranlable et le peuple heureux ; c'est là, enfin, que le peuple françois obéit sans peine et sans murmure à des lois qui lui sont données par de sages monarques, de concert avec les deux chambres, et qui lui procurent tous les avantages honorables et raisonnables, avec une liberté parfaite, qui distingue l'homme d'avec l'esclave de l'Asie et le sauvage de l'Afrique et de l'Amérique.

Conclusion.

De tout ce que je viens de dire, il résulte trois choses :

1.° Que la faction appelée ultra-royaliste, qui est évidemment en opposition à l'immense majorité du peuple, qui ne respire que le régime despotique, les priviléges, les seigneurs et les serfs, ne doit et ne peut jamais être admise au timon du gouvernement, parce qu'elle ne donnera et ne pourra jamais donner ni repos ni tranquillité publique.

2.° Que la faction appelée les révolutionnaires ou ultra-libéraux, qui est aussi, comme la première, évidemment en opposition avec l'immense majorité du peuple, et qui ne rêve que le régime révolutionnaire, la licence et le désordre, avec l'établissement d'une république, ne doit ni ne peut jamais être admise au timon du gouvernement.

3.° Que la saine partie des François, cette immense majorité du peuple, étrangère à tout esprit de faction, imbue des principes libéraux et d'indépendance nationale, qui est évidemment et légalement attachée au régime constitutionnel, au maintien de la Charte constitutionnelle, unique garantie de la stabilité du trône, de la liberté des droits et du bonheur du peuple, peut et doit seule être admise au timon du gouvernement, pour que la licence ne prenne pas la place de la liberté, l'anarchie celle de l'ordre; pour qu'enfin le bon soit partout protégé contre le méchant, l'homme juste contre celui qui veut l'opprimer. Puissent les contestations et les querelles, les factions et réactions, être bannies du sein de la France, avec les ressentimens qui renversent trop souvent de son assiette l'homme le plus sage et le plus modéré! Fasse le ciel que les deux factions en opposition à l'immense majorité du peuple s'unissent avec elle, conspirent avec elle à l'union, à l'oubli et au bien de l'état où chacun a un intérêt commun avec tous les autres! que l'esprit de tolérance et de modération dirige tous les cœurs!

J'ai exposé mes sentimens : je puis m'être trompé dans quelques points ; mes intentions sont sincères et pures. Consacré et attaché, dès mon enfance, au plus noble, au plus utile des arts, la laborieuse et fertile agriculture ; cultivant avec les miens mes propres terres, sans ambition ni prétention ; instruit par une longue série de malheurs communs ; électeur, au choix de mes concitoyens, depuis 1791, dans les temps orageux comme dans les temps calmes ; membre des colléges électoraux du département, porté sur les listes communales, départementales et nationales, par le choix de mes concitoyens ; fonctionnaire public depuis 1791 jusqu'en 1815, époque de ma destitution : au milieu des plus grandes vexations je n'ai jamais varié dans mes idées libérales ; je suis fidèle à mon Prince, dévoué tout entier à ma patrie, à la prospérité de mon département et de la France entière, à son indépendance, à la paix du monde et au bonheur du genre humain.

Truchtersheim, ce 15 Décembre

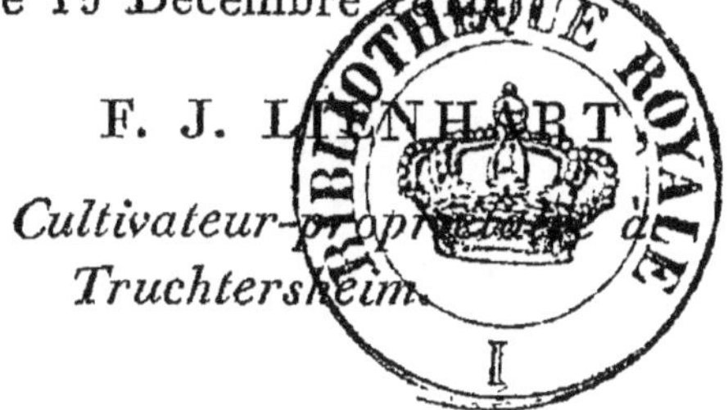

F. J. LIENHART,

*Cultivateur-propriétaire de
Truchtersheim.*

STRASBOURG,

De l'imprimerie de F. G. LEVRAULT, rue des Juifs, n.° 33.

www.ingramcontent.com/pod-product-compliance
Lightning Source LLC
Chambersburg PA
CBHW061206050726
47594CB00008B/3595